LETTRE

D'UN MINISTRE

D'UNE PUISSANCE ETRANGERE

EN HOLLANDE,

À UN SENATEUR DE ZURICH,

Sur la Réponse des Hollandois du 5 Novembre
1747, à la Déclaration du Roi de France
du 17 Avril de la même année.

M. DCC. XLVIII.

LETTRE

D'UN MINISTRE

D'UNE PUISSANCE ETRANGERE

EN HOLLANDE,

A UN SENATEUR DE ZURICH,

Sur la Réponse des Hollandois du 5 Novembre
1747, à la Déclaration du Roi de France
du 17 Avril de la même année.

JE suis enfin en état, M. de vous envoyer la Réponse
si long-tems attendue des Hollandois à la Déclaration
de la France. Vous y verrez les raisons qu'ils alle-
guent pour justifier leur conduite à l'égard de S. M. T. C.
& comme ils ont employé l'espace d'environ sept mois à
former cet important ouvrage, vous ne serez pas surpris
qu'ils aient mis tout leur art à lui donner le tour le plus fa-
vorable dont il pût être susceptible : mais vous conviendrez en même tems, qu'il faut que ces Messieurs ayent
rencontré d'étranges difficultés à leur apologie; puisqu'a-
vec un travail de sept mois, & la meilleure volonté du
monde pour rendre la conduite de la France odieuse, & la

A 2

leur innocence, ils n'ont pû trouver de meilleur expédient pour y parvenir, que celui de supprimer toute mention des engagemens formels qu'ils avoient pris avec S. M. T. C. sur la Guerre de l'Impératrice Reine de Hongrie.

Voilà, M. ce qui a procuré aux Hollandois l'avantage de se défendre avec tant de facilité : délivrés par ce moyen de l'embarras de justifier la rupture des engagemens qui condamnoient leur conduite, ils se sont arrogés les droits de l'Innocence persécutée, & de là ils ont pris la confiance de taxer hardiment les mesures de la France, d'injustice (1) criante, & de décorer les leurs, des titres spécieux de candeur & de sincérité.

Mais comme il ne suffit pas de supprimer des engagemens pour les anéantir, vous voyez, M. qu'il ne faut que rétablir la vérité des faits pour détruire l'erreur pernicieuse où la Hollande voudroit entraîner ses Peuples & le Public, & pour tourner contre elle-même toutes les qualifications odieuses que l'animosité lui suggere contre la France. C'est ce qu'il est aisé de vous prouver par une courte déduction des faits qui concernent cette importante matiere.

Quand l'Electeur de Baviere aidé du secours des François, fit valoir ses prétentions sur la Succession de l'Empereur Charles VI. la premiere attention du Roi de France se tourna vers les précautions à prendre pour conserver la bonne intelligence avec L. H. P. au cas qu'il survînt une rupture entre lui & la Reine de Hongrie. Dans cette vue S. M. T. C. proposa aux E. G. pour garantir des évenemens de la Guerre les Pays qui renferment leur Barriere, les mêmes sûretés qu'en 1733 ils avoient jugées suffisantes dans un cas pareil, & même de plus fortes s'ils le vouloient, à condition qu'ils garderoient comme alors une

______

(1) L. H. P. se trouvent indispensablement obligées de s'y opposer d'une maniere plus efficace, & de ressentir l'injustice qu'on leur fait, ainsi qu'à leurs sujets, d'une maniere si criante, mais que cependant elles n'ont pas voulu s'y déterminer, qu'après avoir exposé à S. M. ainsi qu'à tout le monde impartial, les justes raisons qui les y engagent, l'injustice du procédé qui les y oblige, & la candeur & la sincérité avec laquelle L. H. P. se sont toujours conduites dans toutes leurs démarches. *Réponse des E. G. §. 1.*

neutralité absolue. L. H. P. ne répondirent d'abord à ces offres, que par les assurances générales du desir sincere de ne rien faire qui pût troubler la tranquillité de leur voisinage, & l'alliance entre le Roi de France & Elles ; mais ces promesses qui n'étoient que vagues & verbales, n'assuroient point l'objet proposé ; d'ailleurs il se faisoit des augmentations considérables dans les Troupes de la République, & les intrigues des partisans de l'Angleterre en Hollande, donnoient tout lieu de craindre au Roi T. C. qu'on n'abusât un jour de ces précautions pour entraîner L. H. P. dans une Guerre offensive contre son Royaume.

Ces motifs porterent la Cour de France à chercher les moyens de former avec les E. G. quelque engagement réel & précis, qui, en cas de rupture entre Elle & la Reine de Hongrie, pût assurer à la France & à la Hollande une Paix que S. M. T. C. cultivoit avec tant de soin & de zele depuis près de trente années, & dont les E. G. n'avoient cessé jusqu'alors de lui donner des témoignages de la plus grande satisfaction. Enfin cette idée fut remplie par les Déclarations réciproques que le Roi de France & la République se firent ; l'un : *de ne point troubler la tranquillité des Pays-Bas, tant qu'il ne seroit point attaqué* ; l'autre : *de ne point entrer dans une Guerre offensive contre la France, & de borner l'usage de ses Troupes à la défense de ses propres Etats ;* & tous deux : *de regarder ces Déclarations comme suffisantes par leur accomplissement, pour conserver à jamais la Paix, l'amitié & l'alliance entre Elles.*

C'est ce qui se trouve plus amplement exprimé dans la Lettre que le Roi Très-Chrétien fit communiquer le 4 Janvier 1742 par son Ambassadeur aux Etats Généraux, & dans les résolutions des E. G. des 19 Décembre 1741, & 28 Mars 1742.

La Lettre de S. M. T. C. marque expressément,

« *Qu'Elle avoit tout lieu de craindre que la nouvelle aug-*
« *mentation des troupes en Hollande n'eût pour but d'exciter*
» *les plus grands troubles : Que de sa part, Elle n'avoit pas*
« *de plus grand désir que d'entretenir avec les E. G. la plus*

» parfaite intelligence, & que s'ils n'avoient pas répondu aux
» offres qu'Elle leur avoit faites pour mieux assûrer la tran-
» quillité de leur voisinage, Elle ne vouloit attribuer leur
» silence à aucun dessein dont Elle pût prendre ombrage, mais
» plûtôt à la confiance qu'ils avoient dans son amour pour la
» paix qu'Elle auroit toujours à cœur de conserver, tant qu'Elle
» ne seroit point provoquée. »

Les E. G. en échange déclarerent à S. M. T. C. dans
leurs Résolutions des 19 Décembre 1741, & 28 Mars
1742,

» Que ni l'augmentation des Troupes résolue, ni celles qu'ils
» pourroient determiner dans la suite, ne devoient donner aucun
» ombrage à personne, & bien moins à la France qu'à qui que
» ce soit; ces augmentations n'ayant d'autre objet que leur propre
» défense & sûreté.

» Que L. H. P. étoient très-éloignées de toute disposition à
» une guerre générale avec S. M. T. C. qu'elles ne comprenoient
» pas ce qui pouvoit avoir donné lieu de les soupçonner d'un pareil
» dessein, & qu'au moins elles s'assûroient de n'y avoir donné
» aucun sujet par leur conduite.

» Qu'elles ne vouloient point se mêler, ni ne se mêle-
» roient point d'affaires qui passeroient leurs engagemens, &
» qu'elles n'en avoient point qui pussent tendre à offenser qui que
» ce soit, qu'elles n'étoient aucunement engagées que par des
» Traités défensifs, & que comme elles tâchoient toujours de sa-
» tisfaire à leurs engagemens, elles avoient en particulier l'in-
» tention de remplir exactement ceux qui subsistoient entre
» S. M. T. C. & elles, & de s'y conformer religieusement, &
» qu'elles s'assûroient que Sa Majesté étoit dans les mêmes sen-
» timens.

» Que leur intention sincere & leurs vœux les plus ardens ne
» tendoient qu'au bonheur de voir la paix, l'amitié & l'allian-
» ce entre le Roi de France & L. H. P. subsister pour l'éternité,
» & qu'elles étoient résolues de prouver la sincérité de ces assuran-
» ces par toute leur conduite, & de ne s'en laisser détourner par
» aucunes propositions ni insinuations.

» Qu'elles se reposoient en échange sur les assurances que

« S. M. T. C. avoit bien voulu leur donner ; les considérant
» comme relatives aux Pays-Bas Autrichiens destinés à leur
» servir de barriere, & qu'elles jugeoient que l'accomplissement
» réciproque de ces assurances suffisoit pour pourvoir à la tran-
» quillité mutuelle, & au maintien de l'amitié & de la bonne
» harmonie entre la Cour de France & L. H. P. »

Par le contenu de ces Déclarations réciproques Il est évident, M. Que d'un côté les E. G. s'engagent à une neutralité qui consiste à ne point entrer dans une guerre générale contre la France, à ne point donner de Troupes pour aucune mesure offensive contre elle, à n'en pas même écouter la proposition ; à ne se mêler d'aucune affaire qui passât leurs engagemens défensifs, & qui pût tendre à l'offense de personne ; enfin à tenir religieusement leurs Traités avec S. M. T. C., & que d'un autre côté le Roi de France s'oblige à ne faire aucune entreprise sur les Pays destinés à leur servir de barriere, tant qu'il ne sera point attaqué.

Il eût été difficile de s'obliger d'une maniere plus positive. La bonne foi ne connoît point de termes plus affectueux ni plus forts, pour assurer un engagement, que ceux qui sont employés dans les Déclarations des E. G.

Cependant ils ont violé toutes les conditions de cet engagement, pour entrer dans une guerre offensive & injuste contre le Roi de France ; d'où il résulte manifestement qu'ils ont mis S. M. T. C. dans le droit d'attaquer les Pays-Bas, & les Places destinées à leur barriere, & même leurs propres Etats.

Mais comme les Hollandois ont prétendu, M., que la guerre qu'ils ont portée, de concert avec leurs Alliés, dans les Etats de la France, n'étoit qu'une guerre défensive, & qu'ils ont appellé cette démarche de leur part, une affaire juste (2), conforme à la foi donnée & aux intérêts de l'Etat, il faut pour détruire ce vain prétexte, entrer dans quelque détail des circonstances qui ont caractérisé cette guerre.

Tout le monde sçait qu'avant l'époque où les Hollandois envahirent le territoire de la France, conjointement

(2) Voyez la Réponse des Hollandois, §. 5.

avec les Autrichiens & les Anglois, la guerre qui s'étoit élevée en Allemagne au sujet de la succession de l'Empereur Charles VI. étoit finie.

S. M. Hongroise dès 1742. avoit terminé ses différends avec le Roi de Prusse par un Traité de Paix.

Quant à l'Empereur, ce Prince, après avoir tenté inutilement plusieurs voies pour son accommodement avec la Cour de Vienne, employa la médiation particuliere du Roi d'Angleterre, & pour en mieux assurer le succès, il déclara qu'il laissoit S. M. B. arbitre absolue de ses intérêts.

En conséquence on convint au mois de Juillet 1743. d'un projet d'accommodement qui consistoit dans les articles suivans : (3)

» Que l'Empereur au moyen de la restitution de ses Etats » patrimoniaux, renonceroit à toutes ses prétentions sur la » succession de Charles VI.

» Qu'il se sépareroit de l'alliance de la France.

» Que l'on conviendroit d'une suspension d'armes, pen» dant laquelle toutes choses demeureroient *in statu quo* » dans la Baviere.

» Qu'à l'égard des Places fortes de cet Electorat, elles » seroient confiées à la garde de Troupes neutres.

» Que l'on assembleroit dans l'Empire une armée de » neutralité, à laquelle se joindroient les Troupes de l'Em» pereur.

» Enfin qu'on assigneroit provisionnellement à S. M. I. » un subside de 400 mille écus, en attendant qu'on eût » pourvû, d'une maniere convenable, au maintien de sa » dignité.

On ne pouvoit pousser plus loin de la part de l'Empereur le sacrifice qu'il faisoit de ses intérêts à la tranquillité publique ; & ces propositions parurent si acceptables, que le jour fut fixé au 16 Juillet pour signer le Traité : mais ce jour-là même S. M. B. s'en excusa, sous prétexte qu'elle étoit obligée avant la signature, de prendre l'avis du Conseil de Regence qu'elle avoit établi en Angleterre, & quelque tems après elle fit dire à l'Empereur, que

(3) Voyez la Gazette de la Haye, 14. Décembre 1744.

ce Conseil n'approuvoit point sur-tout la condition du subside, l'opinion la plus générale étant qu'il falloit laisser
S. M. I. à la charge de la France jusqu'à la Paix générale ;
mais que la Négociation ne seroit pas rompue pour cela,
& que l'on conviendroit avec la Cour de Vienne de la satisfaction à procurer à l'Empereur.

Sur la foi de cette assûrance, S. M. I. remit le sort
de ses intérêts aux voyes amiables : d'un côté, elle fit
continuer la Négociation par son Ministre à Londres ;
de l'autre, ce Prince & la R. de Hongrie, pour faire
cesser la guerre entre eux, signerent une convention de
Neutralité, en vertu de laquelle l'Empereur déclara ses
troupes, troupes Impériales & neutres de l'Empire, & la
R. de Hongrie promit qu'elle mettroit fin à toutes hostilités contre lesdites troupes.

L'Empereur offrit de plus, de joindre 15 mille hom-
mes de son armée à l'armée de Neutralité qui s'assembleroit en Allemagne ; & les Etats de l'Empire, pour
consolider la réconciliation de ces deux Puissances, firent à l'une & à l'autre la proposition autentique de leur
médiation ; sur quoi il est à remarquer, que S. M. Hongroise avoit d'autant moins lieu de se refuser à ce moyen
de conciliation, que l'Empire est le Juge naturel des différends de succession sur les grands Fiefs qui en relevent ;
que l'Empereur ne faisoit aucune difficulté d'accepter la
médiation proposée, & que les Etats de l'Empire y asso-
cioient de préférence l'Angleterre & la Hollande.

Dans ces circonstances S. M. I. fit connoître au Roi
de France qu'elle s'abandonnoit aux voies de conciliation pour son accommodement avec la R. de Hongrie.
Et S. M. T. C. qui n'avoit introduit ses Troupes en Allemagne que pour le soutien des droits de l'Empereur,
les fit sortir du territoire Germanique, dès qu'il lui fut
connu que leur fonction d'auxiliaires avoit cessé.

Pour peu qu'on réfléchisse sur l'état où les affaires se
trouvoient alors, on verra clairement que la guerre étoit
finie en Allemagne.

La R. de Hongrie avoit fait sa Paix avec le Roi de
Prusse.   B

L'Empereur renonçoit à toutes ses prétentions contre la R. de Hongrie ; il se soumettoit à toutes les conditions qu'on avoit exigées de lui par le projet d'accommodement, avant que cette Princesse exécutât rien en sa faveur ; une convention réciproque de neutralité faisoit cesser la guerre de part & d'autre ; les troupes Auxiliaires du Roi de France étoient sorties d'Allemagne dès qu'il lui avoit été connu que leur secours n'étoit plus nécessaire : enfin l'Empereur s'abandonnoit au voyes amiables, & se mettoit à la discretion de la R. de Hongrie. S. M. Hongroise de son côté, non-seulement jouissoit tranquillement de ses propres Etats, mais elle occupoit encore ceux de l'Electeur de Baviere : elle s'étoit mise en possession des Places fortes de ce Prince, elle avoit exigé la foi & hommage des Sujets de l'Electorat, elle avoit établi une administration Autrichienne en Baviere, & en tiroit des contributions immenses : ainsi cette Princesse n'avoit, plus rien à demander à l'Electeur de Baviere & plus de guerre à poursuivre en Allemagne.

D'ailleurs les Pays-Bas, dont le sort interesse si vivement les Hollandois, étoient à l'abri de tout danger, tant par le refus que la France avoit fait de les accepter, quand la R. de Hongrie les lui avoit offerts, que par les Déclarations réciproques de la France & de la Hollande pour la conservation de la tranquillité mutuelle en cas de rupture entre S. Majesté Très-Chrétienne & la Reine de Hongrie.

Il faut après cela se refuser absolument à l'évidence, ou convenir que dans une pareille situation, le cas de défense pour la R. de Hongrie avoit cessé, & que par conséquent ce n'étoit le cas d'aucun engagement défensif pour la Hollande à l'égard de cette Princesse, de quelque façon qu'on veuille l'entendre.

Il s'agit de prouver maintenant, M. que la nouvelle guerre que L. H. P. ont entreprise de concert avec S. M. Hongroise après cette époque, étoit une guerre offensive & injuste, par conséquent totalement contraire aux engagemens que la République avoit pris avec S. M. T. C.

Par la situation où vous venez de voir les affaires
d'Allemagne, S. M. I. restoit au milieu de l'Empire sans
ressouces & sans appui ; les troupes Auxiliaires de France étoient sorties d'Allemagne ; les troupes Bavaroises
que l'Empereur avoit dispersées sur la foi de sa réconciliation avec la R. de Hongrie se trouvoient à la mer-
ci des troupes Autrichiennes , & ses Etats étoient au pouvoir de la R. de Hongrie.

A ce tableau la Cour de Vienne crut ne plus voir d'ob-
stacles à ses vûes d'agrandissement, & elle se porta d'autant plus volontiers à les exécuter, qu'elle s'y trouvoit puis-
samment excitée , tant par le soutien que l'Angleterre lui
offroit , que par l'espérance du concours des E. G. que lui
donnoient plusieurs Membres principaux du Gouvernement
de cette République , entierement dévoüés aux Anglois.

Ainsi quoique l'Empereur se fût remis à la médiation
de l'Empire & que la Reine de Hongrie ne dût pas s'y refuser, comme on l'a fait voir plus haut, cette Princesse
ne laissa pas de la rejetter avec hauteur ; elle força les
Bavarois , malgré la neutralité , à lui rendre l'hommage
en qualité de Souveraine ; elle fit commettre toutes sor-
tes d'excès par ses troupes dans les Etats de S. M. I. &
l'on ne tarda pas à connoître que ses projets n'étoient
rien moins *que de faire perdre à l'Empereur la Couronne Impériale & ses Etats héréditaires ; d'agrandir l'Electorat d'Ha-
nover aux dépens de divers Etats de l'Empire , de détrôner
le Roi des deux Siciles, d'enlever à la République de Gênes
le Royaume de Corse & le Marquisat de Final ; enfin de
conquérir sur la France, l'Alsace, la Bourgogne, la Franche-Comté, la Lorraine, le Duché de Bar, les trois Evêchés,
&c. tandis que l'Angleterre & la Hollande reculeroient les
bornes de cette Puissance au-de-là de la Somme , & qu'elles
la forceroient à leur donner des Places sous le nom de Places
de sûreté.*

Les Hollandois ne peuvent prétexter l'ignorance de
ces desseins. Il falloit de toute nécessité qu'ils en fussent
instruits , puisque sans leur concours tout ce fameux systême étoit renversé.

D'ailleurs les Cours de Vienne & d'Angleterre faisoient d'autant moins de difficulté de publier leurs vûes & d'en donner des témoignages autentiques à la face de l'Univers, qu'ils comptoient par la grandeur du projet, & l'épuisement où ils représentoient la France, intimider ses Amis & multiplier ses Ennemis.

Dans le Mémoire qu'en 1743. la R. de H. rendit autentique par la Dictature de l'Empire (4), cette Princesse déclaroit hautement l'élection de l'Empereur nulle, & de nulle valeur, quoiqu'elle eût été légitime & même unanime, & elle exposoit au grand jour la résolution qui avoit été prise entre elle & ses Alliés, de ravir à ce Prince la Couronne Impériale, & de bouleverser tout l'Empire.

Tout l'Univers a été témoin des efforts de la Cour de Vienne & de ses Alliés pour soulever le Royaume de Naples contre l'Infant D. Carlos, & faire révolter la Corse contre la République de Gênes, quoique ces deux Puissances fussent neutres.

Par le Traité de Worms (5) que l'on n'a pas eû honte de rendre public, on manifestoit en particulier l'usurpation odieuse du Marquisat de Final sur cette même République, & le mépris que l'on faisoit de l'Empire & de ses Constitutions, en disposant en maîtres, des droits & des biens de ses vassaux.

Les Mémoires de l'Angleterre, remis par le Lord Stairs & le Sieur Trevor (6) aux E. G. apprenoient à toute l'Europe que le prix de la complaisance des Hollandois à se laisser entrainer dans une guerre générale contre la France, étoit de réduire cette Puissance au-delà de la Somme, de prendre sur elle des Places de sûreté, & de partager la gloire de lui dicter la loi l'épée à la main.

Enfin les conquêtes immenses que l'on avoit résolu de

(4) Ce Mémoire est du 23. Septembre 1743. sous le titre de *Promemoria*, en réponse au Mémoire du sieur de la Noue. Dans cet Ecrit la R. de Hongrie contestoit la légitimité de la Diette de l'Empire; elle refusoit de reconnoitre l'autorité du Collége Electoral, déclaroit l'élection de l'Empereur nulle & de nulle valeur; enfin elle y faisoit tous ses efforts pour soulever les membres de l'Empire contre leur chef, & pour les entrainer dans une guerre générale pour ses vues particulières.

(5) V. l'Art. X. du Traité de Worms, 13. Septembre 1743.

(6) Ces Mémoires sont des 7. & 12. Juillet 1742. &c.

faire sur le Roi T. C. étoient annoncées à l'Univers entier dans cette Patente fameuse (7), que l'on fit publier par le Général Menzel, en lui donnant ordre d'envahir les Etats de la France.

Ce dernier Acte sur-tout mérite une mention plus particuliere, il portoit : « Que la R. de H. se proposoit de ra- » mener les choses à l'ancien systême, de réduire la Cou- » ronne de France dans ses anciennes bornes, & qu'à cet » effet elle avoit ordonné au Général Menzel de pénétrer » dans les Etats & Pays que la Couronne de France avoit » arrachés à l'Empire (8) par ses intrigues & artifices ; de » faire sçavoir aux Provinces d'Alsace, de Bourgogne, » Franche-Comté, Lorraine, Bar, aux trois Evêchés, » &c. sur lesquelles elle conservoit toujours la propriété, » qu'ils eussent à se soumettre à la R. de H. sa Souveraine, » & que s'ils y faisoient la moindre opposition directe ou » indirecte, non seulement on en tireroit raison par le fer » & le feu, mais que l'on obligeroit les transgresseurs des » ordres gracieux de S. M. la Reine, à se couper le nez » les uns aux autres, & qu'on les pendroit ensuite com- » me rebelles. »

Voilà, M., les opérations auxquelles les Hollandois ont donné leur concours, de préférence à la médiation des Etats de l'Empire, dont les Lettres ne furent pas même répondues de la part des E. G. Tels sont les traits qui caractérisent la guerre que L. H. P. jointes à la R. de H. & à S. M. B. ont portée dans les Etats de la France. Ce fut pour exécuter ces projets de vengeance & de conquête, que malgré la retraite des Troupes Françoises du Terri- toire Germanique, malgré la cessation de la guerre de la succession & du cas de défendre la R. de H. les Hollan- dois passerent le Rhin de propos délibéré, envahirent les Terres de France, y attaquerent les Lignes de la Queich que le Roi de France avoit fait faire pour la défense de ses Etats, & joignirent leurs efforts à ceux des Autrichiens & des Anglois, pour s'emparer de la Basse-Alsace, tandis

---

(7) Le Général Menzel en exécution de cette Patente fit une invasion sur les Terres de France au mois d'Août 1743.

(8) On ne fait que transcrire à la lettre les propres termes de cette Patente.

que le Prince Charles faifoit les fiens pour pénétrer par le
haut Rhin , dans une autre partie de cette Province. Ce fut
enfin pour l'exécution de tous ces grands projets que les E-
tats Généraux , au lieu de rendre la Paix générale en retirant
leurs Troupes qui à leur arrivée en Allemagne devenoient
inutiles à la défenfe de la R. de Hongrie , aimerent mieux
allumer une nouvelle guerre par leur concours à des deffeins offenfifs , & exciter ainfi le trouble & le ravage par
toute l'Europe. Voilà, M. ce que les Hollandois appellent
une affaire jufte, conforme à la bonne foi,& aux intérêts de l'Etat.
Mais n'eft-ce pas plutôt ce que toute perfonne impartiale
reconnoîtra pour une Guerre des plus offenfives & des plus
injuftes ; une Guerre d'ufurpation tendante à l'oppreffion
de la liberté de l'Empire, à la fubverfion de plufieurs Etats
de l'Europe , & en particulier du Royaume de France ;
par conféquent contraire à la foi des engagemens que les
E. G. avoient pris avec S. M. T. C. *de borner l'ufage de leurs*
Troupes à leur propre défenfe , & de ne fe mêler d'aucune af-
faire qui paffât leurs engagemens défenfifs , & qui pût tendre
à l'offenfe de perfonne ; une Guerre qui violoit tous les Traités de L. H. P. avec le Roi Très-Chrétien , *qu'ils avoient*
promis d'accomplir religieufement ; qui détruifoit les vrais
principes de la République & fes intérêts les plus effen-
tiels ; une Guerre enfin qui rendoit les Hollandois refpon-
fables à l'Europe entiere de tous les malheurs qui en pouvoient naître , & qui juftifioit en particulier tous les effets
du reffentiment de S. M. T. C. contre la République?

Ces vérités , M. font fi claires & fi évidentes , qu'on
peut affurer qu'il n'eft pas même refté aux Hollandois le
moindre prétexte un peu plaufible pour fe fauver du blâme
d'une injuftice auffi criante : c'eft ce qui peut vous être démontré par une légere difcuffion.

Dès que L. H. P. donnoient à la Reine de Hongrie pour
une Guerre de cette nature des Troupes dont elles avoient
borné l'ufage à leur propre défenfe & fûreté,elles rompoient
indubitablement le lien par lequel le Roi de France s'étoit
engagé à ne point attaquer les Pays-Bas ; & dès ce moment elles lui ouvroient elles-mêmes le chemin aux Pays-

Bas , aux Places de la Barriere , & à leurs propres Etats.

La qualité d'Auxiliaires à l'abri de laquelle les E. G. voudroient mettre l'injustice de leur entreprise , n'existoit plus dès que le cas de défendre la Reine de Hongrie avoit cessé ; & s'ils veulent la réclamer , dans le cas de la guerre offensive dont il s'agit , elle ne peut que tourner à leur préjudice. Les Auxiliaires perdent cette qualité dès qu'ils se liguent pour faire des conquêtes pour leur propre compte, & l'objet de L. H. P. étoit entre autres d'enlever des places à la France , sous prétexte de places de sûreté.

D'ailleurs les Hollandois s'étoient privés de la qualité d'Auxiliaires pour toute guerre offensive , puisqu'ils s'étoient interdit la faculté de prendre part à toute affaire qui tendroit à l'offense de qui que ce soit , & il n'étoit question dans celle-ci que des desseins les plus offensifs contre l'Empereur & l'Empire , contre diverses Puissances , & en particulier contre le Roi de France.

Il y avoit sur-tout une circonstance qui augmentoit l'injustice des mesures offensives des Hollandois contre ce Prince, c'est qu'il avoit exactement observé lui-même de se contenir dans les bornes de Puissance Auxiliaire , & de ne rien faire qui pût troubler la tranquillité des Pays dont la conservation étoit si chere aux E. G. ; S. M. T. C. n'avoit agi que pour le soutien des droits de l'Electeur de Baviere , sur lesquels la R. de Hongrie avoit refusé tout accommodement ; elle n'avoit fait aucune conquête pour elle , quand elle le pouvoit avec le plus de facilité ; elle avoit sacrifié à la tranquillité publique , ainsi qu'au repos & à l'amitié des Hollandois même , ses avantages les plus importans , en refusant l'offre que la Cour de Vienne lui avoit faite des Pays-bas , & en prenant avec les E. G. des engagemens, qui , s'ils n'avoient été violés par eux , garantissoient ces mêmes Pays de tous les évenemens de la guerre.

Il est donc évident que la République perdoit tout droit à la qualité d'Auxiliaire par la nature des circonstances, par celle de la ligue à laquelle elle se livroit & par l'infraction de ses engagemens , & que tout concouroit pour aggraver l'injustice de ses démarches contre la France.

Mais quand même les E. G. n'auroient pas perdu la qualité d'auxiliaire par les raisons qu'on vient d'alléguer , ils ne pouvoient espérer d'être traités autrement par le Roi de France , qu'il ne l'étoit lui-même : il n'y a qu'un droit pour tous les Princes , & l'on donne aux autres celui qu'on prend sur eux. Dès que L. H. P. se sont crû en droit d'envahir les Etats de la France conjointement avec la Reine de Hongrie pour l'aider à tirer vengeance des secours que le Roi de France avoit donnés à l'Empereur Charles VII. elles ont donné à ce Prince le droit de leur faire la guerre pour avoir secouru la Reine de Hongrie dans l'exécution de sa vengeance contre sa Couronne.

Peut-être que les E. G. pour se délivrer de l'embarras de leurs engagemens avec la France , allégueront en leur faveur , que les Déclarations portant promesse de leur part de borner l'usage de leurs troupes à leur propre défense & sûreté , ne sont point obligatoires , parce qu'elles ne sont pas revêtues de la forme d'un Traité ; mais cette objection n'est par recevable : rien ne manquoit à la force des Déclarations faites par S. M. T. C. & par leurs H. P. dans leurs Lettre du 4. Janvier 1742 , & Résolution des 19. Décembre 1741. & 28 Mars 1742. & quand leur contenu auroit été stipulé par un Traité solemnel , il ne pouvoit être plus obligatoire , puisque les deux Parties promettoient de s'en contenter , & de les regarder comme suffisantes pour le maintien de la tranquillité & de la bonne intelligence mutuelles.

Mais voici , M. le grand argument des Hollandois , c'est la prétendue inviolabilité de leur Barriere. Ils font tous leurs efforts pour surprendre la crédulité publique par l'idée que quelques hostilités qu'ils commettent eux & le Souverain des Pays-Bas , ces pays ne sont point attaquables , (9) parce qu'ils les ont destinés à leur servir de barriere : les E. G. accompagnent cet argument d'un

---

(9) Les Hollandois affectent de confondre les termes de Pays-bas Autrichiens & de Barriére , dans le dessein de faire considérer tous les Pays-bas comme ne faisant qu'un corps avec les villes & places de la Barriére ; mais ce sont deux choses très-distinctes , la Barriére des Hollandois se borne aux villes & places désignées par le Traité appellé *de Barriére du* 15. *Novembre* 1715.

autre

autre qui n'eſt pas plus ſolide, c'eſt que par le Traité de 1717, la France ayant garanti la Barriere de la République, elle étoit obligée, dans le cas d'une rupture avec le Souverain des Pays-Bas, à ne point attaquer ces Pays, & encore moins les Places de la Barriere qui étoient gardées par les troupes de la République.

On a ſi bien réfuté juſqu'ici M. la prétention frivole des Hollandois, de vouloir qu'en cas de guerre aux Pays-Bas, l'honneur de leur préſence dans une place ſuffiſe pour lui donner les droits de Sauve-Garde, que je pourrois me diſpenſer d'y répondre; mais pour ne vous rien laiſſer à deſirer de ma part, je vais vous prouver : 1°. Que cette prétention des E. G. eſt d'autant plus ſinguliere que dans d'autres tems ils ont autentiquement reconnu qu'en cas de rupture entre la France & le Souverain des Pays-Bas, en quelqu'endroit qu'e le arrivât, il n'y avoit d'autre moyen de mettre ces Provinces à l'abri d'une invaſion, qu'une neutralité abſolue de leur part, & que même dans ce cas de neutralité elles n'étoient point inviolables ſi le Souverain des Pays-Bas faiſoit paſſer des troupes par ces Pays pour inſulter les frontieres de la France.

2°. Que les conditions du Traité de 1717, ſont réciproquement obligatoires, & que la France ne s'y eſt aucunement interdit la liberté qu'on trous les Princes d'attaquer les droits & les Etats de ceux par qui les leurs ſont attaqués.

Quand la République prit la ſage réſolution de ne point entrer dans la ligue que l'Empereur Charles VI. forma en 1733, contre la France, & où il vouloit l'engager, ſous le même prétexte dont s'eſt ſervi la R. de Hongrie, c'eſt-à-dire, d'effectuer la garantie de l'union indiviſible de ſes Etats; L. H. P. examinerent ſoigneuſement ce qu'il y avoit à faire pour conſerver la tranquillité des Pays qui renferment leur Barriere. La matiere fut ſolidement diſcutée, & après de mûres délibérations les E. G. déclarerent formellement à S. M. I. & C. par ſon Ambaſſadeur à la Haye;

» Qu'il n'y avoit que deux moyens (10) de mettre les

______

(10) Ordres envoyés au mois de Juillet 1733 à M. Bruyninx Miniſtre de

» Pays-Bas hors du danger d'être attaqués, ou que S.M.I.
» changeât de mesures, sur les affaires de Pologne,
» comme L. H. P. le lui avoient souvent représenté,
» ou qu'elles obtinssent une assurance de la France de ne
» point attaquer les Pays-Bas, en s'engageant elles-mê-
» mes à une neutralité absolue, c'est-à-dire, à n'aider
» l'Empereur, ni de leurs troupes, ni de quelqu'autre
» maniere que ce pût être. »

Dans cette même Déclaration L. H. P. disoient encore :

« Que comme il paroissoit par la réponse de l'Empe-
» reur à leur Lettre, que ce Prince ne vouloit pas pren-
» dre les voyes de la conciliation sur les affaires de Po-
» logne, elles avoient proposé la neutralité à la France,
» & qu'elles s'attendoient que S. M. I. trouveroit, ainsi
» que L. H. P. que c'étoit l'unique moyen apparent de
» conserver dans les conjonctures actuelles les Pays-Bas,
» tant pour l'Empereur, que pour la Grande Bretagne,
» & pour la Hollande. »

Cette déclaration eut un plein effet. L. H. P. signerent peu de tems après une convention de neutralité
avec la France ; & dans cet acte autentique, qui con-
tient les vrais principes de la République sur les Pays-
Bas, il s'en faut bien qu'elle les regardât comme revê-
tus du caractere imposant de l'inviolabilité.

Les E. G. pensoient au contraire que ces Provinces
n'étoient point à l'abri d'un orage excité, même dans
un Pays aussi éloigné d'eux que la Pologne, quand il en
pouvoit arriver une rupture entre la France & le Souverain des Pays-Bas, & qu'il n'y avoit que la neutralité absolue de la République qui pût en ce cas les garantir des
dangers de la guerre.

Il y a quelque chose de plus fort : les E. G. dans cette
convention croyoient même qu'avec une neutralité de
leur part, ces Pays n'étoient point inviolables si leur Sou-

Hollande à Vienne. Conférences tenues en différens tems entre les Députés de
L. H. P. & les Comtes de Sinzendorf & d'Uhlefeld Ministres de l'Empereur
Charles VI, à la Haye. *Rouss.* t. 9. p. 450. & suiv. v. la p. 459.

verain les faifoit fervir à infulter les frontieres de la France ; dans ce cas ils réfervoient à S. M. T. C. la liberté de
les attaquer conformément au droit & aux ufages de la
guerre, & ils n'y mettoient d'autre reftriction que celle de
ne point faire d'établiffement dans ledit Pays, en confidé-
ration de leur neutralité : n'étoit-ce pas reconnoître mani-
feftement dans les Pays-bas la condition générale de tous
les autres Etats de l'Europe, d'être expofés aux évenemens
de la guerre, quand leur Souverain eft en rupture avec
quelqu'autre Puiffance ?

Voilà, M. de quelle façon les E. G. déciderent en 1733.
fur les moyens de conferver la tranquillité des Pays-Bas
& de la Barriere, & il n'en couta ni féduction ni tranf-
greffion des regles du Gouvernement pour leur faire donner cette décifion.

Quant au Traité de 1717, on pouvoit dire avec bien
plus de raifon dans la conjonéture de 1733, que dans celle
d'aujourd'hui, qu'il fubfiftoit entre la France & la Hollande, puifque la République avoit en ce tems-là pris la ré-
folution de ne donner aucun fecours à l'Empereur contre
la France : cependant L. H. P. ne prétendoient point que
la garantie de leur Barriere ftipulée dans ce Traité fuffit
pour les mettre à l'abri d'une invafion de la part de la
France, en cas de rupture entre cette Puiffance & le Souverain des Pays-Bas ; elles confidéroient, au contraire,
l'acceptation de leur neutralité de la part du Roi de France, &
l'engagement de ne point attaquer les Pays-Bas & leur Barriere,
non comme un effet de la garantie du Traité de 1717. mais
comme une marque du gré qu'il leur fçavoit de n'avoir pris &
de ne vouloir prendre aucune part à l'injure que l'Empereur
avoit réfolu de lui faire, au fujet des affaires de Pologne, &
comme un témoignage particulier de fon défir fincere d'entretenir
la bonne intelligence avec la République.

Il n'y a qu'à lire la convention même de neutralité (11)
qui fut fignée le 24 Novembre 1733, pour fe convaincre
de la vérité de ce que je vous avance.

D'ailleurs comme les conditions du Traité de 1717.

(11) V. La Convention, *Rouff. 1. 9. p. 461.*

font réciproques, il faut examiner quelle est l'obligation qu'il impose à L. H. P.

La garantie que la France donna aux E. G. en 1717. du droit de barriere dans les Pays-Bas Autrichiens, étoit contre les entreprises du Souverain de ces Pays, qui, après la signature du Traité de 1715, y avoit fait plusieurs infractions ; (12) mais il n'est stipulé dans aucun endroit de ce Traité que si les E. G. venoient à le violer, ou que, de quelque façon que ce fût, eux ou le Souverain des Pays-Bas attaquassent la France, S. M. T. C. se priveroit du droit qu'ont tous les Princes, d'attaquer les droits & les Etats de ceux qui les attaquent.

Au contraire par le Traité de 1717, L. H. P. étoient obligées réciproquement de garantir les Etats du Roi de France contre toute invasion, & de lui donner des secours à cet effet : au lieu de cela il a plû aux Hollandois de joindre leurs Troupes à celles de la Reine de Hongrie pour envahir les Etats de la France & pour les démembrer ; d'où il résulte que S. M. T. C. étoit affranchie de toutes les obligations du Traité de 1717, par la raison qu'une partie ne s'engageant pas seule, elle n'est pas obligée de tenir un Traité (13) qui est violé par l'autre.

Il y a plus. Les E. G. ont enfreint les engagemens de neutralité qu'ils avoient pris par le motif seul de la garantie de leur Barriere, & que dans d'autres tems ils avoient regardé comme l'unique moyen de conserver les Pays-Bas & cette Barriere si précieuse ; comment peuvent-ils après cela se plaindre de ce que la France a pris le parti de les attaquer ? Que les E. G. ne s'en prennent qu'à eux : ils sont les seuls Auteurs de la destruction de leur Barriere & de la conquête des Pays-Bas ; & ce n'est qu'à eux-mêmes qu'ils doivent s'appliquer tout ce qu'ils débitent contre la France.

Après vous avoir démontré, M. combien les prétextes

____

(12) L'Empereur d'abord après la signature du Traité de Barriere en avoit enfreint le second article par la cession de la province de Limbourg à l'Electeur Palatin, & plusieurs autres ensuite.

(13) *Si Pars una fœdus violaverit, poterit altera à fœdere discedere.* Grot. de Jure Belli & Pacis, L. 2, ch. xv. §. xv.

employés par les Hollandois pour rompre leurs engagemens sont frivoles, il faut vous prouver qu'ils avoient,
pour les observer religieusement, les raisons les plus so-
lides.

Les contraventions manifestes de l'Empereur Charles VI.
& de la Reine de Hongrie aux Traités de 1715 & de 1732,
annulloient par elles-mêmes les obligations que L. H. P.
avoient contractées dans ces deux Traités. Ces moyens de
nullité étoient même si forts, que les Etats ausquels leurs
Confédérés les ont représentés (14) pour les détourner
d'entrer dans la ligue offensive que leur présentoit la Reine
de Hongrie, n'ont eu que de très-mauvaises raisons à leur
opposer.

Mais sur-tout le Traité d'accommodement de l'Impératrice Reine de Hongrie avec le Roi de Prusse conclu sans
la participation des E. G. sans aucune considération pour
leurs intérêts ; les infractions qu'on faisoit dans ce Traité
à cette union indivisible d'Etats dont on réclamoit la garantie de leur part ; l'accord secret des Anglois & de la
Reine de Hongrie pour prendre sur la France l'équivalent
de la Silésie ; la résolution d'attaquer l'élection de l'Empereur que la République avoit reconnu solemnellement ;
celle de dépouiller des Princes avec lesquels elle étoit en
amitié & en alliance : tous ces desseins odieux qui avoient
été formés sans consulter L. H. P. & dont on ne leur faisoit
part qu'au moment qu'on avoit besoin d'elles pour les exécuter, les mettoient en droit de refuser leurs secours à la
Reine de Hongrie, comme elles les avoient refusés en
1733 à l'Empereur Charles VI.

Les mêmes raisons qui avoient déterminé les E. G. à ne
pas prendre part aux affaires de Pologne, reprenoient dans
cette occasion toute leur force pour les empêcher d'entrer
dans les projets injustes de la Ligue de 1743 ; & ils étoient
autorisés à déclarer à la Reine de Hongrie avec autant de

____

(14) Lettre des Etats d'Utrecht aux Etats de Hollande, 8. Janvier & 28.
Mars 1743.
 Résolution de la ville de Dorth, 21. Décembre 1741.
 Protestation de la même année, 27. Février 1743.
 Avis du quartier de Weluve, &c.

justice qu'ils firent alors à l'Empereur Charles VI.

« *Que toutes les mesures* (15) *que la Cour de Vienne avoit*
« *prises, tous les Traités qu'elle avoit faits au sujet de cette en-*
« *treprise, n'avoient point été concertés avec L. H. P. qu'ainsi*
« *elles ne pouvoient regarder de pareils engagemens que comme*
« *ceux des Traités non connus qu'elles avoient exclus nommé-*
« *ment du cas de leur garantie dans le Traité d'accession de*
« *1732, (16) & qu'elles se croyoient bien fondées à ne donner*
« *à cette Cour aucune sorte de secours dans la Guerre qui étoit*
« *prête d'éclatter entre elle & la France.* »

La circonstance de 1743 étoit même encore plus favorable aux E. G. pour prendre ce parti, que ne leur avoit été celle de la Guerre de Pologne. Alors la République n'étoit pas la maîtresse d'empêcher la rupture d'arriver, & il étoit difficile d'en prévoir les suites ; ici au contraire la Guerre étoit finie, le refus du concours de la République empêchoit qu'il ne s'en allumât une nouvelle ; & la Paix générale étoit une conséquence infaillible d'une pareille conduite.

Ce ne sont pas encore là , M. toutes les raisons qui devoient empêcher les E. G. de prendre part à la Guerre injuste de 1743. Ils en avoient d'aussi légitimes dans les Traités & autres engagemens qui subsistoient entre la France & L. H. P.

Par le Traité d'Utrecht (17) la République s'engageoit non-seulement à ne consentir déformais à aucuns Traités ou Négociations qui pourroient apporter du dommage à la France , mais encore à les rompre & à l'en avertir sincerement dès qu'elle en auroit connoissance.

<hr>

(15) Ordres envoyés à M. Bruyninx par les E. G. au mois de Juillet 1733.
Rousse. t. 9. p. 451.

(16) Les Hauts & Puissans Seigneurs E. G. des Provinces Unies, persuadés
que ce n'est ni le sens, ni la lettre du Traité, que par les termes de Garantie
générale & réciproque de l'art. I. (du Traité de 1731.) aucune des Parties contractantes soit obligée à maintenir ou garantir quelques Traités qui ne seroient
pas connus, dans cette confiance, ils ont résolu d'entrer comme principale
partie contractante dans ledit Traité, les articles séparés & déclarations, &c.
Préambule du Traité d'accession des Hollandois au Traité de Vienne, 1731.
Rousse. t. 6. *p.* 455.

(17) Art. V. du Traité d'Utrecht, du 11. Avril 1713.

L. H. P. dans le Traité de 1717, (18) s'obligeoient à garantir les Etats du Roi T. C. , & pour effectuer cette garantie , à employer d'abord leurs bons offices , ensuite à lui donner des secours réels en Troupes, ou en Vaisseaux , enfin les engagemens contenus dans leurs résolutions de 1741 & 1742, les obligeoient à ne point entrer dans une guerre générale contre la France , à ne point donner de Troupes pour aucune mesure offensive contre elle , & à ne pas même en écouter la proposition.

Quant à l'intérêt de l'Etat dont les Hollandois prétendent autoriser leur conduite avec la France , il est aisé de voir qu'il ne pouvoit se trouver que dans l'observation de la foi promise à S. M. T. C.

La République en tenant fidélement l'engagement de neutralité limitée qu'elle avoit pris avec le Roi T. C. jouissoit de la garantie de ce Prince , stipulée par le Traité de 1717, & se délivroit de l'embarras d'exécuter la sienne à son égard. L. H. P. s'épargnoient la crainte de voir S. M. T. C. étendre ses conquêtes dans une frontiere aussi exposée à leur jalousie que les Pays-Bas , & en même tems elles privoient le Roi de France de la ressource importante d'un Pays vaste & abondant : enfin au plus fort de l'orage elles conservoient les Pays-Bas Autrichiens à leur Souverain , maintenoient leur barriere , & assuroient la tranquillité de leurs Etats , & la prospérité de leur Commerce. Mais dans le cas contraire , il est évident que tous ces avantages devoient être remplacés par tous les malheurs de la guerre.

On peut ajouter à cela que la République avoit très-bien senti elle-même la force de cette vérité , lorsqu'en 1733 elle répondit aux oppositions que l'Empereur Charles VI. formoit à sa neutralité :

« Q'il ne restoit pas d'autre moyen (19) pour sauver » les Pays-Bas , & que leur perte seroit un mal bien plus » grand que les difficultés qu'on pouvoit prévoir de l'ap- » plication de ce moyen ».

Les Regles du Gouvernement de la République four-

(18) Art. V. & VI. du Traité de la Triple Alliance , 1717.
(19) Mêmes Conférences que dans la note 10.

niſſoient encore une raiſon d'un grand poids aux E. G. pour ne pas entrer dans une guerre offenſive contre la France : elles ne permettoient pas qu'une affaire d'auſſi grande importance pût ſe réſoudre autrement que par l'unanimité. Ceux mêmes qui étoient alors les plus ardens à détruire ces regles, en avoient fait confirmer l'obſervation en 1722 (20). Il étoit outre cela demontré par des exemples mémorables, que la reſiſtance d'un ſeul Membre avoit ſauvé la République entiere. La fermeté de la Régence ſeule d'Amſterdam avoit conſervé la liberté publique dans une occaſion, & la paix dans une autre. C'étoit ici le même cas, & il ne s'agiſſoit pas de l'oppoſition d'une ſeule ville aux réſolutions des Provinces, mais d'une Province entiere & de pluſieurs Villes.

Vous voyez combien de moyens ſolides en faveur de la neutralité des E. G. combien de devoirs envers la Patrie, & d'engagemens eſſentiels avec la France, il a fallu ſacrifier de leur part pour manquer à S. M. T. C. & entrer dans une guerre offenſive contre elle.

Les Hollandois ſe ſont bien apperçûs, M., que la circonſtance d'avoir attendu à donner un ſecours de Troupes à la R. de H. quand elle n'en avoit plus beſoin, s'accorderoit mal avec le prétexte de défendre cette Princeſſe, dont ils voudroient couvrir leur démarche contre la France.

C'eſt auſſi pour tâcher de ſe délivrer de cet embarras & faire illuſion au Public, qu'ils inſinuent dans leur Réponſe (21), que la cauſe de ce retardement a été l'ombrage qu'ils ne pouvoient ſe diſpenſer de prendre des Troupes Françoiſes qui étoient en Weſtphalie. Mais il ne faut que lire leur réſolution du 28 Mars 1742. pour anéantir cette objection.

Vous y verrez, M., que les E. G. déclarent formellement au Roi de France :

« Qu'après les aſſurances qui leur ont été données de la » part de S. M. T. C. de ce que ſes Troupes n'ont été en-

____

(20) Proteſtation de Dordt, du 27. Février 1743.
(21) Réponſe des Hollandois, §. 8.

voyées

» voyées sur le bas Rhin pour aucun deffein formé contre
» la République, ni contre son voisinage, leur H. P. n'en
» ont pas pris l'ombrage que la proximité de tant de Trou-
» pes, qui se sont trouvées au bord de leur frontiere, auroit
» pû faire naitre ».

Voilà donc cette accusation des Hollandois contre la
France, & la cause du retardement de leur secours, détruits
en même tems par leur propre témoignage.

Quant au véritable motif de leur concours aux deffeins
offensifs de la R. de H. & de l'Angleterre contre la France
& contre d'autres Puiffances, il n'y a qu'à se repréfenter
ce qui s'eft paffé en Hollande, pour voir clairement que
c'eft l'appas de faire impunément des conquêtes fur la
France qui a entraîné les E. G. dans une guerre offenfive
contre cette Puiffance.

Tant que la R. de H. n'a réclamé les fecours de L.H.P.
que contre les prétentions du Roi de Pruffe & celles de
l'Empereur Charles VII. on ne lui a point donné de Troupes en Hollande ; mais dès que la guerre pour la défenfe
de la fucceffion de Charles VI. a été finie, & qu'il a paru
que la Cour de Vienne, appuyée par l'Angleterre & la
Hollande, & fortifiée de la prétendue foibleffe de la France, étoit en état de faire une guerre de conquête, l'am-
bition a ébloui la plus grande partie des Chefs de la République, dont les yeux étoient déja fafcinés par l'Angleterre, ils ont cru voir le tems arrivé de reculer en sûreté
les bornes de la France au-delà de la Somme, & de prendre des Places fur elle, & ils fe font flatrés de trouver
dans les avantages qu'ils procureroient à leur Patrie une
noble excufe à toutes les injuftes démarches dans lef-
quelles ils précipiteroient la République.

En vain de fages Confédérés repréfentoient au Parti qui
fe déclaroit pour la guerre, que leur entreprife étoit contraire aux engagemens pris avec la France, à la faine Poli-
tique, aux regles même du Gouvernement de la République ; en vain ils leur expofoient le véritable intérêt de l'E-
tat, & les malheurs certains que leur conduite attireroit
fur la Patrie ; rien n'a été écouté, & la fage remontrance

D

de ces zélés concitoyens a été le dernier soupir de la République.

Alors le Parti dominant a fait mouvoir à son gré tous
les Ordres de l'Etat. Par le succès de ses intrigues on a
cessé de respecter une alliance entretenue pendant près de
30 ans, par les soins les plus zélés de la France pour l'intérêt & le bonheur de la République ; les engagemens an-
ciens & récens de L. H. P. avec S. M. T. C. ont été rom-
pus sans répugnance, parce qu'on croyoit le pouvoir faire
sans danger ; l'injure est devenue nationale, & cette premiere infraction a entraîné à sa suite quantité d'entreprises
des E. G. contre la France, qui n'ont fait qu'augmenter
l'injustice de leur part & le droit de S. M. T. C. de leur
en marquer son ressentiment.

L. H. P. ne se sont pas contentées de joindre contre la
foi jurée, leurs Troupes à celles de la R. de H. & de S.M.B.
pour passer le Rhin & envahir les Etats de la France, elles
ont encore employé les pratiques les plus odieuses dans
toute l'Europe, & sur-tout dans l'Empire, pour soulever
toutes les nations contre S. M. T. C.

Si les E. G. se sont contraints avec ce Prince jusqu'à
prendre le ton de la Paix dans leurs discours, ce n'a été que
pour tromper sa prévoyance sur les coups qu'on lui vouloit porter ; tous les égards & les ménagemens multipliés
de la France pour les Hollandois ont été tournés contre
elle ; quand le territoire de L. H. P. a été respecté par le
R. T. C. ils l'ont fait servir en même tems d'asyle à ses
ennemis, pour l'empêcher de les poursuivre, & de quartier d'assemblée pour les mettre à portée de l'attaquer.
Enfin l'injustice a tellement aveuglé les E. G. qu'ils ont
porté leurs efforts jusqu'à l'épuisement total de leurs Peuples pour diminuer les ressources de la France dans la défense de ses Provinces, & qu'ils ont mieux aimé perdre
les Etats de la République dans l'espérance de partager
ceux de S. M. T. C. que de les conserver, & de rendre
la Paix à l'Europe par un retour sincere aux engagemens
qu'ils avoient injustement abandonnés.

Il n'est pas difficile après cela, M., de comprendre

pourquoi les Hollandois, en faisant leur apologie, ont
supprimé la mention de ces mêmes engagemens ; on
auroit vû clairement par-là que leur conduite n'en a été
qu'une infraction continuelle, & il faut avouer que ce
portrait auroit un peu défiguré les éloges pompeux de justice & de candeur qu'ils se font dispensés si libéralement
dans leur réponse.

En effet quand on compare avec leurs démarches toutes les obligations qui les engageoient à l'égard de la France, il n'est pas possible d'en tirer d'autre conclusion, si ce
n'est: « Qu'en violant eux - mêmes les conditions qu'ils
» avoient mises à la sûreté des Pays-Bas & de leur Bar-
» riere, pour entrer dans une guerre des plus offensives &
» des plus injustes contre la France, ils donnoient à cette
» Puissance un droit incontestable, non-seulement d'atta-
» quer les Pays-Bas & les Places de la Barriere, mais en-
» core leurs propres Etats. »

» Que depuis cette premiere infraction toutes les entre-
» prises des E. G. contre la France, n'ont fait que multi-
» plier les raisons légitimes que cette Puissance avoit de les
» attaquer par tout. Et que le R. T. C. n'avoit besoin pour
» cela d'aucune déclaration de Guerre, puisqu'en repoussant
» les hostilités d'un Aggresseur, (22) c'est la nature qui dé-
» clare la Guerre, & qu'il ne faut point d'autre héraut.

» Qu'enfin la nouvelle Guerre de 1743 n'étant arrivée
» que par le concours volontaire des E. G. à des mesures
» offensives contre la France & contre tant d'autres Puis-
» sances, ils sont responsables à l'Europe entiere de tous
» les malheurs qui en ont résulté, & qui pourront en ré-
» sulter dans la suite ».

Je ne pousserai pas plus loin, M. la discussion de la Réponse des E. G. Quelque avantage qu'il y eût à tirer du peu
de bonne foi de leurs procédés sur les négociations de la
Paix ; je ne les releverai point : assez d'autres Ecrits ont
prouvé que ces procédés étoient assortis au reste de leurs
actions.

Je ne me suis proposé que de traiter le point de droit.

(22) V. *Grot. de jure Belli & Pacis*, l. III. 3. 6.

C'eſt le point eſſentiel , celui qui caractériſe les démarches reſpectives de la France & de la Hollande ; & je crois
l'avoir aſſez éclairci pour détruire le faux préjugé de juſtice
& de bonne foi que les E. G. voudroient établir en faveur
de leur conduite , & à l'aide deſquels ils tâchent d'animer
le Public , & leurs Peuples en particulier , contre la
France.

Il ne me reſte qu'à vous aſſurer de l'attachement , &c.

A Amſterdam le premier de l'an 1748.